Inhalt

GENIOS WirtschaftsWissen Nr. 11/2006 vom 08.11.2006

Shared Service Center Human Resources - Fluch oder Segen?

M.Rinkenburger

Kernthesen

- Überdimensionierte Zentralabteilungen mit hohen Verwaltungskosten stehen immer stärker im Fokus möglicher Kosteneinsparungen. Die hohen Verwaltungskosten werden in der Regel im Rahmen von Umlagen auf die produktiven Einheiten umverteilt und stellen für diese einen erheblichen Kostenfaktor dar. Dieser muss durch höhere Umsätze erst verdient werden.
- Die Idee von Shared Service Centern (SSC) liegt in der Bündelung und

Standardisierung von immer wiederkehrenden und gleichbleibenden Prozessen und Aufgaben in einer eigenen Unternehmenseinheit. (3)

- Bei der Auswahl von Personalthemen muss sorgfältig auf Effizienz und Effektivität der Personalarbeit geachtet werden. Es bedarf umfangreicher Analysen welche Aufgaben bei hoher Qualität zentral in SSC abgewickelt werden können und welche vor Ort bei den HR Business Partnern verbleiben müssen. (7)

Beitrag

Im traditionellen Verständnis von Personalabteilungen werden alle Personalthemen meistens von einem Personalberater bearbeitet. Dies hat zur Folge, dass jeder HR-Mitarbeiter ein umfangreiches Fachwissen vorhalten und sich auch mit vielen administrativen Themen beschäftigen muss.

In Großunternehmen gibt es für jeden einzelnen Unternehmensbereich meistens eigene umfangreiche operative Personalabteilungen mit gleichgelagerten administrativen und beratungsintensiven Aufgaben. Die dezentrale Bearbeitung aller Aufgaben verursacht hohe Kosten die von den produktiven Abteilungen getragen und erarbeitet werden müssen. Zur Senkung dieser hohen Kosten und zur Erhöhung der Service- und Prozessqualität bieten sich Shared Service Center an. Diese können innerhalb eines Unternehmens zentral geschaffen werden und die Abwicklung aller administrativen und nicht beratungsintensiven Themen übernehmen. Diese Dienstleistungen können aber auch im Rahmen eines Outsourcing an externe Firmen übertragen werden. Diese externen Dienstleistungsunternehmen bieten sich auch für kleine und mittelständische Unternehmen an, für die sich eigene Shared Service Center nicht lohnen. (1), (5), (7), (8)

Ausgangssituation

Bisher waren vorrangig die produktiven Einheiten im Fokus von Prozessoptimierungen und Kosteneinsparungen. Der Wettbewerb drängt die Unternehmen dazu, sich verstärkt auch über die Reduzierung der Verwaltungskosten Gedanken zu machen. Auch intern akzeptieren die Produktionsabteilungen immer weniger die hohen Umlagen für Zentralabteilungen. (2) Des weiteren erfordern Firmenübernahmen und verkäufe ein flexibles und schnelles reagieren auf aktuelle

Unternehmensentscheidungen. Große, dezentrale und unflexible Personalabteilungen verzögern Anpassungen an aktuelle Gegebenheiten. Zentrale Shared Service Center bieten die Möglichkeiten flexibel auf neue Rahmenbedingungen reagieren und alle gültigen Prozesse anpassen zu können. (2)

Argumente die für ein Shared Service Center sprechen:

- Ein Großteil der Resourcen in den Personalabteilungen wird immer noch für administrative Tätigkeiten aufgewendet. (5)

- Expertenwissen für bestimmte standardisierte Themen wie Reisekostenabwicklung wird immer noch in den einzelnen operativen Personalabteilungen bei vielen Mitarbeitern vorgehalten.

- Änderungen von Standardprozessen und rechtlichen Rahmenbedingungen für administrative Aufgaben und Spezialwissen muss vielen Mitarbeitern vermittelt und von diesen auch umgesetzt werden. (5)

- Die Personalkosten steigen auch in Zukunft stetig an, da viele HR Mitarbeiter ein breites und tiefes Wissen vorhalten müssen.

- Für beratungsintensive und individuelle Themen steht zu wenig Zeit zur Verfügung.

Vorteile eines Shared Service Center HR

Das tiefe Fachwissen bei Spezialthemen wird bei wenigen Mitarbeitern im SSC gebündelt. Diese wenigen Mitarbeiter können schnell und flexibel auf Änderungen reagieren und alle Anfragen zu dem Thema detailliert und in gleich hoher Qualität vermitteln. (5)

Durch gebündelte Prozesse und Kompetenzen lassen sich ab einer bestimmten Menge an Vorgängen im SSC entsprechende Kosteneinsparungen erreichen. In den Personalabteilungen vor Ort wird weniger Personal mit einem breiten generalistischen Fachwissen benötigt. (8)

Effiziente Prozesse ermöglichen eine schnellere Abwicklung und erhöhen die Effektivität der Personalarbeit (5)

Die HR-Mitarbeiter vor Ort entwickeln sich zu HR-Business Partnern die zusammen mit den Kunden personalrelevante und beratungsintensive Themen bearbeiten und umfassende Kenntnisse der Personalinstrumente oder zu Umstrukturierungen haben. (8)

Wenn Qualität und Quantität im SSC stimmen und die HR Business Partner vor Ort als kompetente Ansprechpartner gesehen werden kann das oftmals vorhandene negative Image der Personalabteilungen gewinnen.

Konzernzentralen könnten sich in Zukunft zu reinen Steuerungseinheiten entwickeln, welche die operativen SSC steuern sowie Grundsatzentscheidungen treffen. Die wenigen Mitarbeiter in den Konzernzentralen werden zu Unternehmern im Unternehmen für die betreuten Themen und Bereiche. (2)

Nachteile eines Shared Service Center HR

Die Mitarbeiter eines SSC sind Experten mit sehr tief gehendem Fachwissen eines Spezialbereiches. Sie bearbeiten nur noch kleine Ausschnitte und verlieren den Überblick über das gesamte Spektrum. Die Motivation und Loyalität zum Unternehmen kann sinken.

Wenn SSC an externe Dienstleistungsunternehmen ausgelagert werden, muss gewährleistet sein, dass diese die gleichen Qualitätskriterien und die gleiche Serviceorientierung haben wie das auftraggebende Unternehmen. Ist dies nicht der Fall können schnell Zusatzkosten entstehen, welche die geplanten Einsparungen durch die Beauftragung von externen SSC aufzehren.

SSC profitieren vom Massengeschäft müssen aber dennoch auch die Personalkosten niedrig halten um wettbewerbsfähig zu bleiben. Viele SSC werden als eigenständige Gesellschaften geführt, um Tarifvereinbarungen umgehen oder eigene niedrigere Tarifvereinbarungen abschließen zu können. Dadurch kommt es zu der Problematik, die für Teilbereiche hoch qualifizierte Spezialisten bei niedrigeren Gehältern halten bzw. finden zu müssen.

Voraussetzungen für SSC

Eine halbherzige Umsetzung eines SSC bringt keine Einsparungen und Qualitätsvorteile. Vielmehr müssen alle Personalthemen und prozesse bis ins kleinste Detail betrachtet und analysiert werden. Schnittstellen bei der Übergabe von Prozessen müssen eindeutig definiert werden. (1) Am Ende der Bestandsaufnahme muss klar ersichtlich sein, welche Prozesse und Themen zentral von SSC und welche weiterhin bei den HR-Business Partnern vor Ort bearbeitet werden.

Der Kunde entscheidet, ob er standardisierte Dienstleistungen oder auch individuelle Lösungen von den SSC beziehen will. Hierfür ist es notwendig sich im Vorfeld über alle zu beziehende Leistungen Gedanken zu machen und entsprechende Service Level Agreements (SLA) abzuschließen, die den Leistungsumfang ins kleinste Detail beschreiben. (6) Der Bezug von nicht beschriebenen Leistungen kann zu hohen zusätzlichen Kosten führen. (6)

Fehlen bei internen Mitarbeitern die Kompetenzen zur Steuerung von SSC müssen diese entsprechend aufgebaut werden, damit bei der Verhandlung entsprechender SLA keine Nachteile entstehen. (7)

Fakten

- In der Personalarbeit steckt ein hohes Optimierungspotential. Immer noch beträgt der Anteil administrativer Tätigkeiten 66,3 Prozent. (5)

- Empirische Erhebungen haben ergeben, dass im Jahr 2005 von 40 befragten Unternehmen 38,4 Prozent ihre Lohn- und Gehaltsabrechnung ganz oder teilweise outgesourced haben. (5)

- Durch den Einsatz von Shared Service Center können Kosteneinsparungen zwischen 25 bis 40 Prozent erzielt werden (8)

- Die Kosten im Finanzwesen wurden von Großunternehmen in den vergangenen 15 Jahren von 2,5 Prozent des Umsatzes auf 1,25 Prozent gesenkt. (1)

Fallbeispiele

In Zukunft ist für die 93.000 Mitarbeiter des Bayer-Konzerns ein SSC die zentrale Anlaufstelle für einen Großteil aller Personalfragen. Von Einstellungen über Fragen zur Gehaltsabrechnung bis hin zu den Pensionszahlungen läuft in Zukunft alles über das internes SSC. (1)

SAP hat eine Reihe von Aufgaben aus dem Personalbereich nach Prag ausgelagert. (1)

Vor zwei Jahren startete die Deutsche Bank das Projekt New HR. Die Deutsche Bank gründete zwei interne Shared Service Center. Die HR Organisation gliedert sich dabei in die drei Bereiche DB HR Solutions GmbH, Center of Expertise sowie HR Business Partner. Das Ziel für 2007 ist die Reduzierung der Personalkapazitäten im Personalbereich um 30 Prozent, die Steigerung der Produktivität um 48 Prozent und die Senkung der Bereichskosten um 24 Prozent. (7)

Bei Unilever übernimmt Accenture die Personalverwaltung des Konzerns. (7)

Laut einer Kienbaum-Studie wird bei 40 Prozent der mittelständischen Unternehmen die Lohn- und Gehaltsabrechnung bereits ausgelagert. (6)

Die Siemens AG bündelt bereits seit einiger Zeit einen Großteil Ihrer Personalthemen in SSC, genannt Personnel Services. Die Zahlen sprechen dabei für sich: die Kundenzufriedenheit bei Qualität und Service ist größer als 75 Prozent und es herrscht ein Automatisierungsgrad von 60 Prozent. (7)

Weiterführende Literatur

(1) Auslagernim eigenen Haus ist billiger Shared

Service Center sind Alternative zu Outsourcing
aus Financial Times Deutschland vom 04.09.2006, Seite SA8

(2) Das Service-Jahrhundert
aus Frankfurter Allgemeine Zeitung, 13.03.2006, Nr. 61, S. 20

(3) Die Zukunft der Shared-Service-Center
aus PERSONALmagazin, Heft 10/2006, S. 10

(4) Wachstum basiert auf Qalifikation
aus Personal Nr. 07/08 vom 01.07.2006 Seite 056

(5) Treiber und Getriebene
aus Personal Nr. 03 vom 01.03.2006 Seite 031

(6) Die Welle wird kommen
aus PERSONALmagazin, Heft 10/2006, S. 60

(7) Schwieriger Weg zur effizienten HR-Fabrik
aus PERSONALmagazin, Heft 08/2006, S. 48

(8) Zeit für Personalarbeit
aus Personal Nr. 07/08 vom 01.07.2006 Seite 046

Impressum

Shared Service Center Human Resources - Fluch oder Segen?

Bibliografische Information der deutschen Nationalbibliothek

Die Deutsche Nationalbibliothek verzeichnet diese Publikation in der deutschen Nationalbibliografie; detaillierte bibliografische Daten sind im Internet über http://dnb.d-nb.de abrufbar.

ISBN: 978-3-7379-0909-9

oder ähnliche Einrichtungen und die Einspeicherung und Verarbeitung in elektronischen Systemen.